# 이를테면 모르는 사람

김보람 시집

시인동네 시인선 191

김보람 시집

# 이를테면 모르는 사람

시인동네

## 시인의 말

오래되었다

그래도 슬펐고
그래서 슬펐다

우리를 우리라고 부를 때마다

2022년 12월
김보람

차례



## 제1부

## 제2부

## 제3부

## 제4부

# 제1부

# 밤의 서점

나는 오래된 책처럼 앉아 있습니다

당신은 요즘 무얼 읽고 지내시는지

통로를 활짝 열고서
지워버린 사람이 있고

안녕 안녕?
우리는 계속 말이 없었다

한 페이지의 밤을 다 빠져나간 모래벽

이 책을 기억하시는지
자정이 되면
뒤로 걷는

# 덧붙임

—끝나지 않을 이야기

기어이 안개를 만들어내는 인공호수

눈에서 태어난 것은 간절하고 아름답다

엎드려 주저앉힌 미래와
기지개 켜는 몽상가

이따금 문장부호 없는 도시에 도착했다

산 사람과 죽은 사람이 반씩 섞여 걷는 거리

장과 절, 페이지로는
옮길 수 없는 행간이 있다

밤새 깨어 있거나 깨지 않는 꿈을 꾸거나

목격자 없는 계절은 결별하기 좋은 각주

이 책은 모든 것의 처음
오늘치의 안부

## 깊이와 기울기

1

망치를 향해 무너지는 어깨의 각도에서
벼락 맞은 나무의 자세만 남는다면

가파른 행간의 방향은 우연한 것일까

2

바람의 앞니가
파문의 중심이다

어떤 반쪽은 달려오면서 갱신되는 슬픔들

사랑한 사람이 있었고,

지워버린
사람이 있다

# 밤과 반의 페이지

병명 없이 신열을 앓는
이 방의 어머니잖아요

무작정과 도무지의
옆구리를 찔러놓고

있잖아,
너 그거 알아?
반 토막의
그런데

# 13월의 비

무릎 꺾인 빗줄기가
머리를 찧는다

수식 없이 주고받는 차갑고 긴 것

맺히는,
받아 적시는,
되감는,
받아치는,

*

가속을 이해하는 빗줄기는 적중한다

터널과
그리고 추락의 비행사

갇히면

가득해지는

커다란

공백

# 0

계절의 자막을
끝내 읽지 못해도

붉은 것은
붉은 것

흔들리지 말자

열에서
하나를 덜다
아홉을
파묻은 자리

## 00

영영 너머 영영이 있다, 누군가 그런 말을 했을 때 한 가지 기후만 응시하고 싶었다

한 줌 눈
백지 한가운데서
침착함을 유지하는 법

영영 영영 영영영영 영영영 영영 영

추락하는 영원
깨어나는 영원

천국은 내가 쓰려고 한
시의 마지막
단어

## 신발의 이름은 둘

우리는 오늘 태어난 발의 꿈을 꾼다

상상 속의 키스 같은
상자 속의 신발들

닿아서 부푸는 꿈이
바닥을 피워 문다

*지금 좋은 것은 좋아해도 괜찮아*

혀의 위치처럼
아름답게 뭉개지는

사랑은 주저가 없다
달리다 넘어지더라도

신발에 맞는 발 되어 방향을 묻는 곡선

지우면서 앞으로
나아가는 방식으로

허공을 들어 올리며
서로 웃는
우리 사이

## 비너스는 우리를 눈뜨게 하고

스스로 파도치는 마음과 물질 사이, 추락의 속도로 그림이 완성되었다

(끝없이 차오르는 물방울, 밤·바다, 폭우)

최초의 장면으로 직전의 감정으로 비너스, 둥근 빛 속에 은거하는 몸의…… 아늑한 동굴입니다, 어두워서 깊은 것

기어오를 때마다 붉은 잉크가 필요했다, 미술 시간은 벗은 몸의 똬리를 틀다가

만월의 허기로 나뒹구는 한 호흡, 절정

# 달빛이라는 의자

달빛을 맞으려고 달을 부릅니까

달은 지구 위에
발바닥 모으고서

둥근 걸
견디는 표정을 구름 속에 묻습니다

밝아서 더 어두운 오늘의 흉상을

소실점에 몰아넣고
기우뚱거리는 의자 하나

뜻 모를
응답이라서 밤늦도록 듣습니다

# 슈필라움

따라와, 죽고 죽어도, 다시금, 사는 공간

투둑투둑 천장을 때리는 빗줄기, 한없이 길어진 팔이 식물 돌보듯 나를 본다

수축하다 팽창하는 방
밤이면 아름다워지는 혼자

불가능과 불가해의 질문을 더듬는 손길

침수와 잠수의 칸타빌레
반복 그리고
변주

희미하고 막막한 것을 멈추게 할 수 없다

그것이 은유라고 말하지 않았다

뭉툭한

연필 깎으며 히죽히죽 웃는 여자

# 얼음 강을 건너는 심경

초조가 진화하면 얼음이 됩니다

표백된 감정이
강 위로 쌓이는 날

약속을
잊은 약속처럼
잃은 사람의 이름처럼

겨울을 이해할 때까지 얼음은 두꺼워집니다

차가움은 모호하고
깨끗함은 위험하니

안에도 바깥이 생겨 비대해진 슬픔

내용 없는 바람이 맥락을 끊습니다

눈은 계속 날리고
발자국은 차오르고

누구도 편애할 수 없는 냉실 속에 있습니다

# 이별 혹은 잠시

폭설입니다, 불통입니다, 하양 다음 하양입니다 눈은 하얀 글씨로 하얀 것을 씁니다
한없는
저주와 축복의
동시적 순간입니다

증오입니다, 형벌입니다, 거울 안에 있습니다 겹눈에 둘러싸여 나아갈 수 없을 때
우리가
목도한 것은
휴지의 자세입니다

눈에서 태어난 것이 눈에서 죽습니다 끝의 어법으로 등 돌린 채 잠이 듭니다
밀리는
맹세가 있으므로
밀어내는 맹세입니다

# 물의 부록

오늘은 두물머리로 시 한 편 완성했다

안개, 라고 적었다 지우고
호수, 라고 썼다 지운다

왼쪽과 오른쪽의 대칭
솟구치는 물의 부력

웃는 게 좋아서
두 사람이 되었다

등을 보이는 사람은
등으로 기억되고

사이로
흘러내리는
가득한 물의 부록

# 입체적이면 연속적인

1

지금은 어째서
조금 전의
바깥일까

이 순간에도 나는 밖이다
나는 바깥이다

자취를 감추는 이야기
앞모습으로
뒤쫓는 일

2

안쪽에 있어도
바깥처럼
길어지고

뒤 같은 건 궁금하지 않다

씩씩하다, 나는

말문의 앞을 뛰어가는
전속력의
한 사람

# 이를테면 모르는 사람

하루 지나 반백년
오늘 가장
먼 사람

머나먼 행성처럼
돌아오기 벅찬,

출입구
가득한 미래
출발은 쓸쓸한 거야

부풀린
낙하산처럼
공중을 떠도는

쓸모없는 시도들과
짓궂은 양 떼와

소소한
자정의 안부
되물을 수 없다

# 유리천장

벽과 못의 혁명은 주저앉는 법도 안다

낯가림이 아주 심한
공백의 그림자처럼

얼룩의 시점에 갇혀 말줄임표를 찍는다

……

*몸 덮은 막이 투명하다는 사실은 이상해*

천장을
바닥이라 썼다
바닥을
희망이라 썼다

희망을 미래로 덮으려고
유리, 라고 적었다

# 제2부

# 태어나는 계절

비밀은 숨길 수 없어서 비밀이 되었다

이것은 길에서 시작된 꽃에 대한 생각

당신은 한 방향으로만 가는 눈과 귀를 가졌다

기울기를 알 수 없는 감정의 소란(소란)

따르겠습니다, 라는 말은 공중의 비문이다

눈물은 적이 없는 넋
본 적 없어
아름답고

# 이후

이것은 어쩌면 신으로부터의 답신일지도

그러니 짐승이여!
발 뺄 수 없는 마음이여!

한여름
흩날리는 눈처럼
나 아닌
나 되어

*

사랑이 끝난 뒤에도,
애도가 끝난 뒤에도,

내가 모르는 뭔가가 계속되었다

미래를

끌어다 쓰는
밤처럼
잠처럼

## 오늘은

별일 없습니다
그리하여 불온한 고백

유통기한 임박한
이름들이 불어나면

정적과 암흑에 잠긴
거대한 잠 깨웁니다

쓰고 지우고 다시 써봐도
죽은 잠입니다

죽어야 태어나는 운명
안녕과 돌멩이

책상이 길어지는 동안
다리가 짧아집니다

# 아마도 홀로

분위기에 갇힌 나는
이별의 편입니다

단숨에 도달한
정류장을 지나칩니다

지나친
반복이어서
기록하지 않습니다

갔어요, 왔어요, 있었어요, 모르겠어요

길 잃은 감정은
내일의 날씨가 되고

예보는
어제의 슬픔을
움켜쥐고 있습니다

## 오늘의 운세

나는 오늘 태어났고
발가벗고 서 있다

점괘를 그러모은
하루가 밝아온다

거기서 뭐 해요 누가, 묻는다
대답할까요?

바퀴는
구르고
지면은
자라고

비틀거린 흔적들로
갈 길이 마련되면

약속을

어긴 재미로

어디서 또 만날까요?

# No—body

멀어졌다고 말하자 습관처럼 묶였다

알고 있죠 당신도,
부재에 대해서라면

0과 1
죽지 않는 이 기분
흑점의 시간

모래를 안고 시작하는 어떤 고백으로부터

부정확한 발음이 진위를 파고들 때

하나와
일부의 여진

흔들린 뒤
더 흔들린 몸

# 까미

작은 영혼이 웅크린 그림자를 물고 있다

너는 검정을 질주하는 선수처럼
공중을 풀어헤치다 곁눈질을 보낸다

창밖을 보렴,
새벽의 붉고 푸른빛

끝의 시작을 배웅하는 속도, 배낭을 메면
고개를 치켜드는 개의 고독한
눈우물

천장부터 물이 차올라 여름이 엎질러진다

쌕쌕거리는 네가 내 배꼽 위에 누워서
1인실 꿈의 스위치를 끈다 딸각,

긴 잠이여!

# 1년 1분 전

이것은 첫 문장
현재진행형인 행렬

묻는 대신 대답하는 어제의 사람으로

남겨진
모방의 말과

한 번도
하지 못한 말

시작과 끝을 잇는
나는 나의 다음

종소리를 발음하는 굉음의 공간으로

직전의
셔터가 내려간다

기울어진다
기울어……

# 확률은 잠 못 이루고

용서를 빌며
죄짓는 방법을 알게 되었다

계단을 오르면서 걷는 법을 배우고

비밀의 오랜 축적처럼
반 토막 난 호흡처럼

증상이 없는 병은 바닥이 없잖아요

불충분한 가능성
무단으로
횡단하다

제발과 재발에 대해
생각하는 힘에 대해

# 밤의 뒤편

잠들지 마, 자면 안 돼
악몽을 밟고 오는

어둠 속 그득한
범람의 분실물들

긴 밤을 내던져버리고
그가 먼저 떠났다

한 손에 칼자루 쥐고
킬킬거리며 웃는다

내가 속한 시간의
추문이 깊다

대역이 필요하구나
자꾸만
시험에 든다

# 애증의 되풀이

낮 동안 단념하고
밤 동안 말을 앓는다

치사랑의 음악보다 더 아름다운 악몽

구겨진 이불 속에서
독학으로 알게 된

되감는 화면 앞에
사라지고 살아지는

당신은 언제나 반쪽으로 기울었다

반드시 온다는 말이
가는 말보다 슬픈 이유

어지러운 목소리로
울던 날 울리던 날

간결하고 간절하게 몸이 몸을 불렀다

사슬을 끊기 위하여
하나에서
영으로

# 매달림의 진화

온힘을 다해 턱을 끌어올릴 수 있다는 건

바닥에 털썩 주저앉는 법도 안다는 것

무릎이 깨지더라도 믿을 힘이 필요했다

무익함과 무해함
무방비 속 무지개

발버둥치는 신발의 높이를 아는 사람

어째서
왜 그런지 모른 채

가늘어지는
팔다리

# 우두커니 나의 뮤트

공중의 가지를 솎아내는 속도로
기어이 달아나는 문장을 씁니다

창문을 사이에 두고 농담을 세는 밤

이제 그만하자,
버린다는 것의 의미

갈라지는 헤드라이트의 불면을 더듬으면

헤어질 다짐 속으로
헤어짐이 사라지고

## 함께 걷는 방식

가지런한 거리에서
나란히 걸어간다

벗어나자, 멀리 가자
끝말잇기
끝나지 않고

끝에서
시작할 수도
있겠다고
생각했다

끝에서 끝으로
뒷모습이 함께 달린다

어긋난 반쪽으로
질문조차 절름거리지만

대답을
듣기도 전에
곁부터
익혀야 한다

## 자주 참는 마음

무엇을 더하고
무엇을 덜어내야 할까

어떤 예감은 느꼈다는 사실을 잊는 거다

뒤늦게
도착한 역설처럼
이인칭 시점처럼

판독 불능의 지문과 행방을 묻는 일

모래시계와 물구나무
지붕과 바닥 사이

가깝게
멀게 넘나드는
솟구침의 도돌이표

# 겨울은 웃었고 우리는 멈췄다

우산의 꼭지에서
눈꽃이
피고 있다

바닥으로 떠밀리는 눈망울의 배후들

십이월
기울어지는 벽

덮인 눈

덮인 마음

# 나는 나의 에코르셰

잃은 사람이 와서 무릎을 꿇고 빈다

손바닥 비비는 동작을 반복하는 무리

구원은 조아리는 것
참이 되는 것

*

반은 뼈입니다
반은 붉음입니다

가죽을 뚫고 자란 날것의 냄새에 대하여

헐벗은
거울 속의 거울
단정한
건축

# 제3부

# 타인의 방

당신을 알았다고 착각하는 잠시 동안
내가 나를 영영 모를 것 같은 기분과
의문과 과거시제가
조금 더 외로워졌다

목적지를 정해서 도착할 수 없는 곳
검은 곳 어두운 곳 구별되지 않는, 악월
가파른 직전의 이해가
오해를 불러온다

담을 벽이라고 발음하는 식물처럼
가시권 밖에서의 징그럽고 다정한 포옹
뿔 달린 머리를 상상하며
울다가 웃었다

# 섬으로부터

완성되지 않는 바다의 끝 한 토막
안쪽과 바깥에 대해 말하고 있겠지
부레를 끌러놓고서야
잠드는 물고기처럼

수평선 한구석에 놓인 기다란 침대
몇 번의 계절과 몇 번의 잠을 맞대고
커다란 투명 속으로의
침몰에 대해서

석양이 몸부림쳐 쏘아 올리는 축포
길고도 축축한 꿈은 자꾸 태어나겠지
뭉개진 하루를 채워
내려앉는 달의 윤광

# 당신은 뭍을 나는 바다를 바라본다

철창 안에 철창을 보렴
그렇게 사랑해

끝과 끝을 모르는 사람을 만나러 간다

당신의 열린 끝으로
방파제가
무너진다

(부분과 전체는 더럽게 말끔해진다)

거센 파도를 돌아보지 않았다 나는

두 팔에 뒤덮인 세계를
깰 방법이
없다

# 산책 수업

날이 밝으면 밤을 부르는 개의 뒷모습

안개로 뒤덮인 긴 터널의 정물처럼

자취를 감추는 장면
시선을 거두는 사람

아니오, 아니오
부정을 부정하면

눈먼 기억과 유일한 내 것을 지킬 수 있다

겹과 겹
무늬와 무게
순환 반복
믿음

걸어도 걸어도 하늘은 내내 하늘이다

사운드트랙으로 끝나는 네 발의 서사

산책은 잊히지 않는 처방

지지지직
직직직

# 화살나무의 이력

생장점을 지나서야 가속도가 붙은 몸

해독하기 어려운 사나운 빛들로 꿰뚫는 단풍의 혀가 발작처럼 사나워진다

벗겨낸 속살로 화살을 만들고 최전방에 몰리는 불안한 수위를 따라

지나가, 어서 지나가, 반동을 견디고 있다

# 감추는 사람과 감은 눈

흠뻑 젖은 얼굴을 복습하는 동안
우리는 엄격한 숨바꼭질을 합니다

흰 벽에 가득한 창문
안개가 숨긴 지도

치켜뜬 눈꼬리도 목적을 놓쳐버리는 곳
신발 잃은 발들이 미로원을 지나갑니다

한 시절 사랑하다 지는 풍경들,
이별들

# 호수의 (   )은/는 2인용이다

돌보는 얼굴과 돌아보는 얼굴이 있다

나와 너의 거리는 깊이에 가까워

마주 선 등 뒤의 고백 부드럽게 찰랑거린다

둘이라는 호수 안에서 번식하는 노을

폐쇄한 출구의 경계가 수면 위로 떠오른다

저 저 저, 밑을 버리고 오는

청둥오리 검은 몸

*

우리의 다정한 호흡이 방향에 가까워진다

마모된 물결에서 감지되는 100% 어둠

~~얼음꽃, 파문의 그늘, 출렁다리, 빈칸 목록~~

# 모를 때를 사랑하면

그게 말이나 되냐고
자문하는 사람이 있고

어떻게 그렇냐고
되묻는 사람이 있다

들었다 놓았다 하는 기적의
곁에 있다

질문이 자란다
한층 더 올라가세요

새하얀 공책은
연필의 알리바이

세상에 그런 이름은 없다
증명하는
투명—란드

# 힘과 벽

불안은 실패처럼 돌돌 말려서 풍부해져요

기분 위에 포개진 기분
흰 바탕 위에 흰 글씨

의지를
넘어서는 일은
바로
그런 것

# 악의 숲

더러는
폭력보다 더러운 것
집요한 것

맞잡았던 손처럼 진화하는 것—자라서

희망은 왜 추해지는가
폐쇄적인 구조인가

수상해
수상해
문틈에서
문틈으로
출몰하는
출현하는
엔진이
불길이
연기가

잿더미가 된
일부가
전부가

도주는 도주할 수 없는 것의 등에 기대어

발목을 지우며 내려앉는
밤의 파편

폭군을 담보로 내건
모질음이다
안간힘이다

## 안전한 고독인 줄 모르고

자판을 두드리면서 책장을
넘긴다

발자국은 모조리
문밖으로 뻗어 있어

천장을 뚫고 올라가는
앙상한 곡선들

몸에다 몇 번씩 기름을 끼얹고서

집행을 시작하려고
주문을 외는 사람

어둠을 믿는 한 사람이
방 안에서 벌인
사투

# 새해

악을 쓰며 우는 순진한 믿음처럼

떼쓰면 뭐든지 얻을 것만 같았다

오늘에
이별을 고하며
기적같이 다가올
내일

앞뒤 없는 장단을 걸음으로 가두고

점괘들 그러모아 지나가는 중인데

끝없이
접혀져오는 것
수직의
주름이다

# 빗자루와 돗자리

펼쳐진 잔디밭의 등이 되는 동안만
수평자처럼 엎드린 두 사람 이야기
점·점·점
모래로 새기는
땅 위의 지문들

가볍고 단단해서 푸른 하늘처럼
우리는 씩씩한 슬픔의 연대
여름의
소실점 향해
기다래지는 오후

요즘 어때? 묻다가 뭉개지는 마음의 말

자리에 박힌 돌멩이 뽑듯
가벼워진 잠과 꿈

바닥은

견딘다는 신호
그다음은 쉬웠다

# 숙제가 많은 개의 밖이다

신발을 물어와 방 한가운데 던진다

네 발 달린 마음도 가벼워지고 싶단다

벌어진
테두리를 돌며
개가 컹컹
짖는다

우정을 떠올리는 꼬리의 날갯짓처럼

길고 축축한 혓바닥의 마중과 배웅

잡았던
줄을 놓고서
잠시
쉬어도 좋다

# 빈방 있어요

온종일
책상 모서리나
후벼파고
있었다

잃을 것이 너무 많아
내가 너무 많아서

내 곁에
그것인 것들

도로 채우려
애쓴다

# 배우 일지

옷장을 열자마자 수증기가 올라온다

여름의 목덜미에 그어대는 성냥 하나

태양은 빗금을 떨구며
붉은 재를 입는다

지상의 걸음을 떼는 한 사람을 세우는 동안

온기는 작별에 서툰 미래를 넘어서고

비공간 반공간의 경계가
열리고 닫힌다

시계를 뒤집어 기억을 단련하는 램프

속력과 전속력의 이름이 빛바래고 있다

무지개 다리를 건너서
한없이 달려가는 개

# 타워

숨을 참으면
당신의 무의식

도처에서 보고야 마는 사람이 된다

바닥의 기분은 멀어서
절망이 없는 곳

층층 사이를 옮겨 다니는 날개와 균형

지우면서 세우고 잊으면서 들키는

저,
먼,
뒤,
실패한 우상의 꼿꼿한 상징물

# 제4부

# 시점

나의 출발은 도착의 잠복기예요

밀어낸 힘과 힘이 만들어낸 붙임성

시어가 뒤집힐 자유
시가 될
자유

# 일인극에 지치면 이곳으로 와

지는 게임 할래?
함께 산책하면서

우리는 가는 사람
가고 있는 사람

안으로 키운 우울을
공평하게 나눈다

증상 없는 병명이
모서리를 만든다

복면을 쓰는 어둠
너무 일찍 마시는 독

깎이며 태어나는 불화
묶일 곳 없는 발

# 합정

한 호흡에 한 개씩
블록을 쌓던 날

꼬리 문 생각들을
허무는 줄도 모르고

웃었다, 지질하다고
대답 대신 말을 아꼈다

지붕 없는 비밀들이
이인칭으로 떠올랐다

맥주 한 잔 더 시켜놓고
창밖을 바라본다

시커먼 눈이 날려서
골목을 물들인다

# 우울의 복습

엎드렸다 일어나며
한 감정에 도달한다

촛불의 음모 같은
나라는
편애에 대해

어제를
벗어난 어제, 일주일의 형식처럼

# 우물—집

누군가의 위로를 짐작하지 못하겠다

둥글게 차오르는

투명,
직전의 투명

같은 밤
다이빙대에 올라

구멍을
인양
중

# 잘 도착했어요

어떤 날의 불안은
바닥을 모르는 나락

버려진 것들의
봉기와 증식으로

두서를 가눌 길 없으니
캄캄한 정면이다

최대한 늦춰놓고
지워지길 비는 길

기고 또 기어가도
끝 모를 동굴 속인데

사방이 굳게 잠겼으니
풍문조차 낭떠러지다

# 벚꽃의 신비가 한낮을 끌어당긴다

함께 봤던 영화에서 벚꽃의 향이 난다

흔들리다 들키는 리듬
흩어지는 꽃의 잔상

꽃잎을 쓸어모은다
극장 문은 열려 있다

구름을 밀고 당기는
한 사람 또 한 사람

허공을 펼쳐서 하늘 이불로 함께 덮으면

환하게 빛나는 한낮
발가벗는 봄의 몸피

## 오늘도 길을 잃었나 봐요

돌아가는 길들을
익힌 적이 없었다
멋대로 발랄하다
벗어나는 궤도 같은

나라는 예측 불허의
막다른 주소에서

오른쪽을 보면서
왼쪽으로만 걷는다
다르다와 틀리다
잃다와 잊다 사이

거꾸로 뿌리내리는
물음표를 포갠다

감은 눈 또 감고
숨바꼭질 놀이한다

습관이 된 술래의
생존방식을 안다 해도

어디니, 라고 묻는다면
가고 있어, 대답한다

# 애플데이

바구니 속 사과가
한 장르가 될 때까지
죄의 목록은 불의 몸
빨강이라는 서사
누군가
꽉 쥐었던 주먹
쪼개지는
이빨자국

최초의 장면에서
멀어지는 감정들
회복의 단서를
동원하는 움직임
사과를
둘러싼 사과
사과에 의한
사과

## 동기화

촛불 주위를 맴도는
깡마른 개
뛰어드는 개

개의 장례를 치르고
계절을
묻었다

우기의
바람구멍과

사이렌의
노래를

# 끝줄로부터 무한하게

가도 가도
너는 다만
어떤 끝인가
보다

장대비의
무료함과
의자와
책과 꿈과

사랑은 고쳐 말해야 한다
다정한 병명처럼

밑동만 남은 그루터기 쏟아지는 잡음들

주저하는 유목과
주지하는 경로라면

끝없이
바깥으로 밀려도
오늘은
무한하게

# 이불의 생령

그대 팔에 머리를 대면 아슴푸레 멀어져 가는

잠이 있고 마중이 있고 직전의 감정이 있는, 밤 산책 끄트머리로 반쯤 덮어쓰는 어둠

파도가 있다면 떠나온 집도 있을 것이다 매달리다시피 걸어 들어와 함께 무덤을 만들고 돌아갈 집을 버린 채 불 지피는 냄새

살 발린 잠 속에는 빌려온 이름만 가득하다 겹쳐진 시간은 누릴 수 없는 곳에 있어서

더듬는 몸의 중심에 자각몽을 펼쳐둔다

# 바다가 되려는 비

모퉁일 돌다 보면 자라나는 해변이 있어 파도가 밀려들 때 슬리퍼 한 짝 떠밀린다

벼랑에, 매달리세요 스스로를 믿는 힘으로

악쓰며 기도하는 건 슬픔의 음역 발소리 죽여가며 뛰어가는 저 빗소리들

등 돌려 주름진 곳을 채우며 내리는 비

## 보고 싶다는 말

얼어붙은 길들을
끌로 파냅니다

돌벽의 입술로
커지는 상상력

극이라 생각할수록
정처가 없습니다

얼었다 녹아내린 벌판의 볼륨같이

끝 모르게 뻗어가도 너는 이제 없지만

꽉 쥐면 가득 고여오는
마음이라는 안감

# 너에게 나라서

너에게서 내가 보여 좋은 날이
이어졌다

어디든 갈 수 있고
어디로든 갈 수 없지만

다정한 회전목마처럼
둥글게
휘어진 선

# 온실에서 자라나는 건강하고 안전한 말

번식하는 초록의 목덜미를 쓰다듬으면

모든 고백을 시작할 수 있을 것 같다

여분의 믿음이 있고 공글리는 사람이 있다

한 다발 제비꽃의 꽃말처럼 순진무구한,

한 개의 바통과 아흔아홉 개의 결말과

햇빛과 반쪽의 호흡과

슬로모션 풍경화

해설

# 어떤 연금술에 대하여

강웅식(문학평론가)

## 1.

무엇보다 먼저 아래의 작품을 보자.

숨을 참으면
당신의 무의식

도처에서 보고야 마는 사람이 된다

바닥의 기분은 멀어서
절망이 없는 곳

층층 사이를 옮겨 다니는 날개와 균형

지우면서 세우고 잊으면서 들키는

저,

먼,

뒤,

실패한 우상의 꼿꼿한 상징물

—「타워」 전문

너무 자세하게 그리고 너무 많이 말을 해서는 안 된다는 금지의 규칙에 제약을 받기라도 하는 것처럼, 위의 시에서 어떤 화자는 말을 아낀다. 위의 시를 읽고 있노라면, 어떤 화자가 어떤 상황에서 어떤 말을 하고 있다는 인상보다는, 차라리 우리는 그 누군가가 몇 개의 문장들의 파편적 조각들을 이렇게 저렇게 엮어서 배치하고 있다는 느낌을 더 강하게 받게 된다. 게다가 "저,/먼,/뒤,/"라는 구절에서 보는 것과 같은 대단히 짧은 호흡의 극단적인 행갈이와 불과 열한 개의 행으로 이루어진 짧은 길이의 작품에 도입한 다섯 개의 행간 띄움은 우리가 이 시의 의미를 파악하기 위해 시도해야 하는 어떤 맥락의 구성 작업을 부단히 지연시키고 심지어 방해한다. 그 의미를 쉽

사리 노출하지 않는 시어와 구절들의 불투명성과 형태적 측면의 돌출은 독자들로 하여금 이 시를 어떤 이야기나 관념의 형성을 목표로 하지 않고 오로지 형식 그 자체로 살아남아 자립하는 것을 목표로 하는 형태주의의 시와 연관시키도록 유혹한다. 이쯤에서 이번에는 위의 시를 아래와 같이, 곧

숨을 참으면 당신의 무의식
도처에서 보고야 마는 사람이 된다
바닥의 기분은 멀어서 절망이 없는 곳

층층 사이를 옮겨 다니는 날개와 균형
지우면서 세우고 잊으면서 들키는
저, 먼, 뒤, 실패한 우상의 꼿꼿한 상징물

과 같은 모습으로 변형시켜 보자. 그렇게 변형된 모습은, 부분적으로 다소 어색한 부분이 아예 없는 것은 아니나, 그럼에도 두 개의 평시조를 이어 놓은 연시조처럼 보이기에 충분하다. 원래의 작품과 그것을 변형시켜 놓은 것은 따지고 보면 동일한 것이지만, 그 둘 사이에는 그것들을 동일한 것으로 보기 어렵게 만드는 일종의 심연이 가로 놓여 있는 것 같다. 그런데 우리는 전자를 후자로 변형시켰지만 김보람 시의 형성은 후자의 형태에서 전자의 형태로 전환되는 과정을 따르는

것 같다(그녀는 시조시인이 아니겠는가!). 얼른 보아서는 결코 시조처럼 보이지 않는, 김보람 시인의 작품들의 배후에는 항상 이른바 '3장 6구, 45자 내외'라는 시조 양식의 그림자가 짙게 드리워져 있다. 각 장의 전구와 후구를 나누어 행갈이를 하고 그것들을 다시 한 행 띄우는 등 원래 시조의 형태를 다양한 방법으로 변형시키면서도, 그녀는 여섯 구 각각을 구성하는 글자 수(3·4), 특히 종장 첫 구의 글자 수(3·5)의 고정 규칙을 충실하게 따르고자 한다. 그렇게 평시조의 기본 규칙을 준수하면서도 그녀가 최종적으로 완성해 놓은 작품들의 형태는 다채로운 변형의 과정을 거친 것인데, 문제는 그런 변형의 정도이다. 평시조 세 개를 다양하게 변형시켜 이어놓은 형태를 보여주는 아래의 평시조의 경우,

최초의 장면으로 직전의 감정으로 비너스, 둥근 빛 속에
은거하는 몸의…… 아늑한 동굴입니다, 어두워서 깊은 것
—「비너스는 우리를 눈뜨게 하고」 부분

에서 보는 것처럼, 세 개의 장을 한 행으로 이어 붙여 놓거나, 역시 세 개의 평시조를 변형시켜 이어 놓은 다음의 경우,

수상해
수상해

문틈에서

문틈으로

출몰하는

출현하는

엔진이

불길이

연기가

잿더미가 된

일부가

전부가

—「악의 숲」 부분

에서 볼 수 있는 것처럼, 여섯 개의 구들 그 각각을 반으로 나누어 다시 그것들을 모두 행갈이 하여 배치해 놓음으로써, 그녀는 전통적인 시조의 정형화된 형태에서 되도록 멀리 벗어나고자 한다. 그런데 그녀는 그런 변형의 과정에서 애초에 시조의 규칙을 따른 정형의 형태를 구축해 놓고 그것에다 도식적인 변형을 가하는 것 같지는 않다. 세 개의 장을 한 행으로 이어 붙여 놓거나 열두 행으로 나눠 놓거나 하는 적극적이고 과격한 변형의 경우이든, 또는 '3장 6구'로 이루어진 시조의 전형적인 형태에서 각 장을 각각 한 행씩 띄워 놓는 소극적이고 온건한 변형의 경우이든, 각각의 시편은 애초에 그것을 촉발시킨 어떤 시적 직관이나 시적 인식에서 비롯된 것 같은 그 나름의 고유한 형태를 취한다. 요컨대 김보람의 시는, 정형시인 시조의 기본적인 형태를 그것의 심층구조로서 간직하고 있지만, "자유시의 진실한 이상(理想)은 형(型)이 없는 것이 아니라 한 개의 시에 한 개의 형을 발명하는 것"[1)]이라는 자유시의 이념을 따르는 듯하다.

## 2.

앞에서 김보람의 시 「타워」에 대해 언급하면서 우리는 그 시가 뜻하는 바를 얼른 알아차릴 수 없을 정도로 모호하다는 말을 하였다. 그런데 사실 시조는 모호하지 않다. 16세기에 완성된 시 형식인 시조는 그 시대의 세계를 감싸고 있는 존재의 전체성을 기반으로 하고 있다. 존재의 전체성이라는 원환에 둘러싸인 문화적 공동체의 산물이 시조이다. 시조의 목소리를 규율하는 것은 그 공동체에 속해 있다면 누구나 다 이해하고 인정하는 건전한 상식이다. 그러나 20세기에 이르러 존재의 전체성이라는 원환은 파괴되었고, 파편화된 현실에 직면하여 건전한 상식은 변질되었다. 현대의 시조시인들이 겪게 되는 어려움은 그러한 파괴와 변질이 낳은 시대적 상황의

1) 박용철, 『박용철 전집 2 평론집』, 깊은샘, 2004, 21쪽.

궁핍함에서 비롯하는 문제일 것이다. 아무튼 기본적인 형식의 근거를 시조 양식의 규칙에 두고 있지만 어쩌면 김보람은 시조로는 말할 수 없는 것들을 말하고자 하는지도 모르겠다. 그녀의 시의 모호함의 원인도 그러한 사정과 무관하지 않을 것이다. 그러나 그녀의 시가 작품에서 의미를 완벽하게 배제해 버림으로써 언어 이전의 텅 빈 공허의 상태를 환기하려는 시적 경향을 따르는 것은 아닌 것 같다. 아래의 시를 살펴보자.

한 호흡에 한 개씩
블록을 쌓던 날

꼬리 문 생각들을
허무는 줄도 모르고

웃었다, 지질하다고
대답 대신 말을 아꼈다

지붕 없는 비밀들이
이인칭으로 떠올랐다

맥주 한 잔 더 시켜놓고

창밖을 바라본다

시커먼 눈이 날려서
골목을 물들인다

—「합정」 전문

위의 시 제목은 '합정'이다. 그 제목에서 우리는 얼른 지하철 2호선과 6호선이 만나는 합정역의 그 '합정'을 떠올리게 된다. '합정'의 한자(漢字) 표기는 '合井'이지만 원래는 '蛤井'이었다고 한다.[2)] 그렇게 '蛤井'이 '合井'으로 바뀌게 되면, '蛤'의 훈과 연관된 조개는 사라지고 '합정'의 의미는 우물을 합한다거나 우물 '정'(井)을 합하는 것이 된다. 제목이 환기하는 지명과 연관된 의미의 이해를 통하여 우리는 위의 시의 첫 번째 절을 이해할 수 있는 단서를 얻게 된다. 이 시의 화자는 블록을 쌓았던 어느 날의 기억에 대해 말하고 있다. 그/그녀가 블록을 쌓아올리는 모습은, 다방이나 카페에서 흡연이 허용되었던 시절이기에 구비돼 있었던 성냥갑의 성냥개비들로 그야말

2) '蛤'의 훈은 '대합조개'인데, 그러한 지명이 붙여진 이유는 그곳에 조개우물[蛤井]이라는 우물이 있었기 때문이다. 『서울 지명 사전』(서울역사편찬위원회, 2009)에 따르면, 그 조개우물은 지금의 '절두산 순교 기념관'이 세워진 근방에 있었다. 처형장이던 그곳에서 망나니들이 사형도구로 쓰는 칼을 가는 물을 얻기 위해서 팠던 우물의 바닥에 조개껍질이 많아서 붙여진 이름이 '조개우물'이다.

로 우물 '정'(井)의 모양을 만들며 쌓아올리던 심심풀이 놀이와 겹쳐진다(어쩌면 그/그녀가 실제로 쌓아올린 것은 블록이 아니라 성냥개비였는지도 모르겠다). 화자는 자신이 블록을 쌓는 과정은 오히려 지울 수 없는 생각들을 허무는 과정이라고 말한다. 그 "생각들"은, "지붕 없는 비밀들이/이인칭으로 떠올랐다"는 넷째 절을 참조한다면, 마주하고 있는 '너'(또는 당신)와 연관된 것이겠는데, 그것을 화자가 알고 있다는 사실을 정작 상대방은 모르고 있는 것 같다. 그 "비밀"은 공동으로 형성된 원리와 규범의 위반과 연관된 것일 수 있다. 그러나 화자는 "꼬리 문 생각들"을 허물어 버리려는 안간힘을 한낱 심심풀이 놀이로 받아들이는 상대방과의 관계의 어긋남에서 자기 혼자만의 삶을 살아야 하는 운명에 처한 현대인의 절대적 고독을 엿보는 것 같다. 창밖에는 이 궁핍한 시대의 상징처럼, 흰 눈이 아니라 "시커먼 눈"이 내려 쌓이듯 그렇게 서서히 어둠이 짙게 내려 깔리고 있다.

많은 경우 김보람의 시는 그 의미의 맥락을 포착하기 어렵게 하는 돌발적인 진술들과 엉뚱한 이미지들로 구성돼 있다. 그러나 그 의미에 접근할 수 있게 하는 정보의 실마리들을 간직한 시들의 경우에, 그것들은 일상적 체험의 삽화들에 근거하고 있다. 아래의 작품을 보자.

촛불 주위를 맴도는

깡마른 개
뛰어드는 개

개의 장례를 치르고
계절을
묻었다

우기의
바람구멍과

사이렌의
노래를

—「동기화」 전문

「까미」, 「배우 일지」, 「숙제가 많은 개의 밖이다」 등과 같은 작품들에서 반려견으로 추정되는 '개'와 연관된 삽화들이 등장하는데, 위의 시에도 역시 "개"가 등장한다. "촛불"과 "개의 장례"라는 낱말들에서도 유추할 수 있다시피, 「동기화」는 반려견의 죽음으로 인해 피폐해진 자신의 생활을 전환시켜 보려는 화자의 의지를 보여주는 작품이다. "우기의/바람구멍과"라는 구절이 반려견의 죽음에 따른 이별로 인한 슬픈 마음의 공허함을 말해준다면, "사이렌의/노래"라는 구절은 화자가 빠져들게 된 생활의 피폐함을 말해줄 것이다. 사이렌의 노랫소리에 넋을 잃은 뱃사람들이 정상적인 항로를 잃고 좌초하듯이, 화자 역시 반려견의 죽음으로 인해 정상적인 생활의 리듬을 잃고 일상이 피폐해질 정도로 방황한 듯하다. 동기화란 '집단이나 개인 혹은 동물에게 어떤 특정한 자극을 주어 목표로 하는 행동을 불러일으키는 일'이다. 화자는 그렇게 위의 시에서 사적인 의례로서 개의 장례식을 거행함으로써 삶의 태도의 전환과 자기 갱신이라는 과제의 수행을 위한 동기 부여를 마련하고 있는 것이다. 이 경우 작품의 내재적 측면에서 개의 장례식을 통해 이루어지는 애도의 밀도(이자 작품 자체의 밀도)는 작품의 외재적 측면에서 시인 자신의 동기화의 밀도와 일치하게 된다. 「동기화」에서 우리가 특별히 주목해야 할 것은 작품의 생산과 시인의 자기 단련 사이의 그런 교호작용이다. 그것은 김보람 시에서 가장 핵심적인 문제이다.

## 3.

미셸 푸코는 말년에 그가 자주 언급했던 '자기 배려'(souci de soi)라는 주제를 탐구하는 데 심혈을 기울였다. 그의 『성의 역사』에서도 확인되다시피, 그런 탐구의 일환으로 그는 고대인들이 가장 집요하게 추구했던 '자기 관리'(gouvernement de soi)나 '자기 단련'(travail de soi)을 위해 마련해 두었던 장치나 관습을 연구하였다. 그런 장치나 관습 가운데 하나로 수기(手記)가 있었다. 김보람의 시에서 우리는 그녀의 시가 그와 같이 '자기 관리'나 '자기 단련'의 장치로서 기능하는 수기로서 성격을 가진다는 사실을 종종 확인한다. 아래의 시를 보자.

돌아가는 길들을
익힌 적이 없었다
멋대로 발랄하다
벗어나는 궤도 같은

나라는 예측 불허의
막다른 주소에서

…(중략)…

감은 눈 또 감고
숨바꼭질 놀이한다
습관이 된 술래의
생존방식을 안다 해도

어디니, 라고 묻는다면
가고 있어, 대답한다

—「오늘도 길을 잃었나 봐요」 부분

시의 화자는 "오늘도", 곧 이전에도 늘 그랬는데 오늘도 역시, 길을 잃었다고 말한다. 대부분의 경우 길을 잃었다는 사실은 낭패감을 불러일으키겠지만, 시의 본문에서 확인되는 화자의 어조에는 그런 기미가 전혀 보이지 않는다. 화자는 오히려 당당하게 자신이 어째서 그렇게 노상 길을 잃을 수밖에 없는 사람인지 설명하고자 한다. '나'는 돌아가는 길을 익힌 적이 없고, 정해진 궤도를 늘 멋대로 벗어날 만큼 발랄한 예측 불허의 사람이다, '나'는 또한 술래의 생존방식이 습관이 된 사람이다. 술래인 사람은 부단히 눈을 감아야 하는데 그것은 눈을 다시 떠서 찾아내기 위함이다. '나'가 술래인 것이 아니라 '나'는 술래의 생존방식을 익혔다. 매번 눈을 감았다 떠야 하고, 그렇게 항상 무엇인가를 찾아내야 생존할 수 있는 방식, 그것은 '나' 자신의 생존방식이 된다. 눈을 감았다 다시 뜨는 사이, 그 사이는 단지 지극히 짧은 시간의 길이를 가리키는 말이 아니라 눈을 다시 뜨기 이전과 이후의 질적 도약이라는 사건을 가리키는 말이다. 그렇게 '나'는 돌아가는 길을 익힌 적이 없을 뿐만 아니라 정주하는 법을 배운 적도 없다. 누군가 '나'에게 "어디니" 하고 물으면 '나'는 어떤 정주의 장소를 표시할 수 없다. 단 한순간도 정지하지 않고 언제나 새롭게 나아가고 있으므로 '나'는 그저 "가고 있어,"라고 대답할 수

밖에 없다. 요컨대 오늘도 길을 잃는 것, 그것은 '나'의 생존방식이자 삶의 형식이다.

김보람은 「오늘도 길을 잃었나 봐요」에서 한 개인이 그 자신의 행동을 기반으로 하여 스스로 윤리적 주체를 구축해가는 방식의 문제를 다루고 있다. 동일한 문제를 다루고 있는 아래의 작품을 보자.

1
지금은 어째서
조금 전의
바깥일까

이 순간에도 나는 밖이다
나는 바깥이다

자취를 감추는 이야기
앞모습으로
뒤쫓는 일

2
안쪽에 있어도
바깥처럼

길어지고

뒤 같은 건 궁금하지 않다
씩씩하다, 나는

말문의 앞을 뛰어가는
전속력의
한 사람

—「입체적이면 연속적인」 전문

위의 시에서 "뒤 같은 건 궁금하지 않다/씩씩하다, 나는"이라는 진술은 앞서 살펴본 「오늘도 길을 잃었나 봐요」에서 개진된 '나'의 생존방식이자 삶의 형식의 문제와 무관하지 않다. 「입체적이면 연속적인」의 화자는 그런 문제의 연장선에서 "지금은 어째서/조금 전의/바깥일까"라는 대담한 발언으로 자신의 이야기, 곧 자신의 삶의 형식에 관한 이야기를 시작한다. 「입체적이면 연속적인」이라는 제목에서 '입체'는 공간과 연관된 것이고, '연속'은 시간과 연관된 것이다. 마찬가지로 "조금 전"은 시간과 연관된 것이고, "바깥"은 공간과 연관된 것이다. 칸트에 따르면, 시간과 공간은 감성의 순수형식이다. 그 두 가지 계기가 우리에게 부재한다면 우리가 애초에 사물을 지각한다고 하는 경험 자체가 불가능하게 될 것이다. 그러나 그것들은 각각 차원을 달리하는 문제이기도 하다. 이른바 통시적 연구와 공시적 연구의 방향과 결과가 근본적으로 다를 수밖에 없는 이유도 거기에 있다. 위의 시의 첫 번째 절을 이루고 있는 그 대담한 발언에서 "조금 전"과 "지금"은 어떤 "순간"들이다. 거기에서 "바깥"은 단지 내부와 구별되는 다른 장소를 가리키는 것이 아니다. 그것은 안(내부)이 포섭할 수 없는 그것의 절대적 타자라는 의미에서의 바깥이다. 동일한 밀도의 짧은 순간들의 연속이라는 관점에서 시간을 이해해서는 우리는 저 발언의 대담함을 파악할 수 없다. "조금 전"과 "지금"의 순간들 사이에는 '순간의 정지'가 있다. 아니 현재라는 순간 자체가 하나의 정지이다. "그 까닭은 현재가 정지되어 있기 때문이 아니라, 현재가 지속을 중단시키고 그 끊어진 지속을 다시 비끄러매기 때문이다."[3] 지속을 중단시키고 그 끊어진 지속을 다시 비끄러매는 현재라는 순간의 작용이 없다면, 다시 말해 시간 자체의 변화의 운동이 없다면 이 세계의 변화라는 것은 불가능하게 될 것이다. 시간의 변화가 공간의 변화를 부르니 "지금"은 항상 "조금 전"의 바깥이 된다.

위의 시에서 그러한 현재의 운동과 맞물리는 것은 바로 '나'의 부단한 자기 갱신의 운동이다. 첫 절의 대담한 발언에 이어서 '나'는 "이 순간에도 나는 밖이다/나는 바깥이다"라고 말

3) 에마뉘엘 레비나스, 『존재에서 존재자로』, 서동욱 옮김, 민음사, 2003, 122쪽.

한다. 사실 '나는 바깥이다'라는 명제는 모순된 것이다. '나'는 '나'와는 다른 것으로서의 '바깥'과 구별되는 어떤 내부(안)이다. '나'는 유한하고 '바깥'은 무한하다. 그런 '나'가 어떻게 '나'와는 절대적으로 다른 타자로서의 '바깥'이 될 수 있는가? '나'가 '바깥'이 되기 위해서 '나'는 '바깥'을 내 안에 품지 않으면 안 된다. 그러나 무한으로서의 '바깥'은 '나'의 용량을 넘어서는 까닭에 '나'가 안으로 품을 수 없는 외부에 머물고자 하며, 내포 불가능한 것을 안으로 품고자 하는 '나'는 그 '바깥'으로 인해 각인 당한 자로서 매 순간 작열하며 무한으로서의 '바깥'을 부단히 욕망하는 '무한화'와 '시간화'의 운동에 참여할 수밖에 없다. 따라서 '나는 바깥이다'라는 주장의 의미를 우리는 '나'는 '무한히 다른 것'과 연관되는 운동 속으로 나아가고 있다는 뜻으로 이해해도 무방할 것이다.

## 4.

작품 내부의 움직임(작품의 생성 또는 창조)과 그 외부의 시인의 움직임(부단한 자기 단련을 통한 자기 갱신)을 부단히 일치시키려는 시도로서 김보람의 시가 가지는 특징적 성격은 연금술이라 불리는 특별한 기술의 영역을 떠올리게 한다. 연금술은 철이나 구리 같은 비금속(卑金屬)을 은이나 금 같은 귀금속으로 변환시키는 기술을 가리킨다. 그런데 진정한 의미에서의 연금술에서는 금속의 변화만이 문제가 되는 것은 아니다. 연금술의 작업을 수행하는 연금술사의 변화가 함께 문제가 되는 것이 진정한 연금술의 비밀이다. 비금속인 어떤 금속 덩어리가 귀금속으로 변환되는 과정에서 그것은 비금속으로서는 죽었다가 귀금속으로 다시 부활해야 한다. 비금속에서 귀금속으로의 변환 과정에는 정지의 순간, 곧 죽음의 순간이 내재해 있다. 그와 같이 금속이 죽었다가 다시 생성되는 것처럼 연금술의 과정에서는 연금술사의 영혼 역시 소멸되었다가 다시 태어나야 하며, 이때 금의 생성은 연금술사의 부활과 일치한다.[4] 연금술사 자신의 자기 창조라는 사건의 매개 없이는 금의 생성이라는 사건도 발생하지 않는다.

앞서 살펴본 「입체적이면 연속적인」에 나오는 마지막 절의 내용처럼, 김보람의 시는 "말문의 앞을 뛰어가는/전속력의/한 사람"으로서 시인의 부단한 자기 갱신과 자기 창조가 전제되지 않으면 성립되지 않는 성질의 것이다. 또한 역으로 작품 자체의 구축, 곧 작품의 생성을 통해서만 시인의 자기 창조가 가능해지고 증명될 수 있다. 김보람의 시는 저 "전속력의/한 사람"이 새롭게 태어나기 위해 "자취를 감추는 이야기"이자 "앞모습으로/뒤쫓는 일"의 기록이기 때문이다. 그녀가 뒤쫓

4) 이 글에서 기술된 연금술과 연관된 내용은 다음 책에서 참조한 것임. 조르조 아감벤, 『불과 글』, 윤병언 옮김, 책세상, 2016, 196~201쪽.

는 대상은 어떤 모범으로 미리 그녀에게 제시되어 있는 형상이 아니다. 그녀가 뒤쫓는 것은 매 순간 형성되었다 해체되고 다시 형성되는 과정을 반복하는 '나'와 '자기'의 관계라는 이름의, 형성 과정 자체로서의 주체이다.

푸코가 말했던 바와 같이, 시를 창조하는 일 자체가 행복하지는 않을 것이다. 그러나 그것이 어떤 종류의 행복감과 연결돼 있지 않다면 그것은 인간에게 의미 없는 일이 될 것이다. 자기 단련과 자기 창조가 작품 생성(또는 창조)의 전제가 되고, 작품의 생성을 통한 말의 단련과 말의 창조가 자기 창조에 이르게 하는 것은 그야말로 '언어의 연금술'이라 할 수 있다. 김보람의 시에서 확인되는 그런 연금술의 과정이, 곧 시인과 언어가 함께 죽었다가 다시 태어나는 과정이 앞으로도 시—쓰기에 매달려 있는, 인간이 시적으로 이 지상에 거주한다는 행복감의 지울 수 없는 흔적이 될 수 있기를 기원한다.

시인동네 시인선 191

# 이를테면 모르는 사람



초판 1쇄 인쇄 2022년 12월 7일
초판 1쇄 발행 2022년 12월 14일
지은이 김보람
펴낸이 김석봉
디자인 헤이존
펴낸곳 문학의전당
출판등록 제448-251002012000043호
주소 충북 단양군 적성면 도곡파랑로 178
전화 043-421-1977
전자우편 sbpoem@naver.com

ISBN 979-11-5896-574-7 03810


*이 시집은 2022년 한국문화예술위원회 아르코문학창작기금(발간지원) 사업에 선정되어 제작되었습니다.